The Lost Words: Bilingual French-English Short Stories

Pomme Bilingual

Published by Pomme Bilingual, 2024.

While every precaution has been taken in the preparation of this book, the publisher assumes no responsibility for errors or omissions, or for damages resulting from the use of the information contained herein.

THE LOST WORDS: BILINGUAL FRENCH-ENGLISH SHORT STORIES

First edition. November 12, 2024.

Copyright © 2024 Pomme Bilingual.

ISBN: 979-8230333159

Written by Pomme Bilingual.

Table of Contents

Les Mots Perdus 1

The Lost Words 5

Le Dernier Café 7

The Last Café 11

Les Jardins du Silence 15

The Gardens of Silence 19

Les Secrets de Chloé 23

Chloé's Secrets 27

L'Étrangère dans le Quartier 31

The Stranger in the Neighborhood 35

Les Ombres 39

The Shadows 43

Le Livre des Reflets 47

The Book of Reflections 51

La Fenêtre vers l'Inconnu 55

The Window to the Unknown 59

Les Mots Perdus

―――

Dans un coin tranquille de Montmartre, cachée parmi les ruelles pavées, se trouvait une petite bibliothèque ancienne. C'était un endroit où les murs respiraient les souvenirs et où chaque livre semblait porter le poids d'une époque révolue. Claire Dupont, la bibliothécaire de cette demeure du passé, s'y rendait chaque jour avec une constance et une discrétion qui faisaient d'elle presque un fantôme parmi les rayonnages.

Claire était une femme réservée, silencieuse et attentive. Elle n'avait jamais cherché à être au centre de l'attention et préférait le monde des mots aux conversations trop animées. Sa vie se déroulait avec une simplicité douce : chaque matin, elle ouvrait les portes de la bibliothèque, saluait les quelques lecteurs fidèles, puis se perdait parmi les pages des livres anciens qu'elle aimait tant.

Un jour, alors qu'elle classait de vieux ouvrages dans un recoin oublié de la bibliothèque, Claire sentit quelque chose de différent sous la couverture d'un livre usé. Curieuse, elle ouvrit le livre et découvrit, glissée entre deux pages, une enveloppe jaunie par le temps. Sur le devant, en lettres élégantes mais effacées, on pouvait lire un prénom : « Marguerite ».

La main tremblante, Claire déchira délicatement l'enveloppe et sortit une feuille fragile, remplie d'une écriture fine et nerveuse. Les mots évoquaient un amour perdu, une promesse non tenue, et un souvenir qui semblait hanter celui qui l'avait écrit. Touchée par ces confidences venues d'un autre temps, Claire se sentit, l'espace d'un instant, proche de cette inconnue nommée Marguerite.

Les jours passèrent, et bientôt, cette découverte unique devint une série de trouvailles. Au fil des mois, Claire découvrit d'autres lettres dissimulées dans des ouvrages divers : certaines parlaient d'amitiés perdues, d'autres de rêves brisés ou de voyages entrepris sans retour. Chaque lettre semblait capturer un fragment de vie, un éclat d'âme perdu dans les recoins poussiéreux de la bibliothèque.

Claire se mit à attendre ces découvertes avec une impatience qu'elle n'avait jamais connue. Chaque lettre lui dévoilait des histoires de personnes dont les noms, les visages et les voix avaient disparu avec le temps. Pourtant, leurs mots, eux, demeuraient vivants, flottant dans le silence de la bibliothèque.

Au fil de ces lectures, Claire commença à sentir un étrange lien se tisser entre ces récits et sa propre vie. Les histoires d'amour, de perte et d'espoir qu'elle lisait semblaient résonner en elle d'une manière inattendue. Peu à peu, elle se rappela de ses propres souvenirs : des rêves oubliés, des amitiés évanouies, et même cet amour qu'elle n'avait jamais osé exprimer. Les lettres devinrent un miroir où elle contemplait non seulement le passé des autres, mais aussi le sien.

Un soir d'hiver, alors que la neige tombait doucement sur Montmartre, Claire découvrit une dernière lettre, soigneusement pliée et cachée dans un livre sur l'histoire de Paris. Celle-ci, étrangement, ne portait aucun nom. Les mots qui s'y trouvaient étaient d'une simplicité poignante : "À celui ou celle qui trouvera ces mots, je vous laisse mes souvenirs. Puissiez-vous vous rappeler que le temps passe, mais que les mots, eux, restent. Ils sont notre empreinte, notre héritage."

Claire referma la lettre et la serra contre son cœur. Ce soir-là, pour la première fois depuis longtemps, elle se sentit prête à écrire ses propres mots, à raconter sa propre histoire. Elle prit un cahier et commença à écrire, posant sur le papier les souvenirs, les espoirs et les regrets qui, jusque-là, n'avaient existé que dans le silence de son cœur.

La petite bibliothèque de Montmartre continuait d'abriter ses secrets, mais désormais, Claire n'était plus seulement la gardienne des mots des autres. Elle était aussi l'auteure de ses propres souvenirs, de son propre héritage.

The Lost Words

In a quiet corner of Montmartre, hidden among the cobbled streets, there stood a small, old library. It was a place where the walls breathed memories, and each book seemed to carry the weight of a bygone era. Claire Dupont, the librarian of this relic from the past, went there every day with a consistency and discretion that made her almost a ghost among the shelves.

Claire was a reserved, silent, and attentive woman. She had never sought to be the center of attention and preferred the world of words to overly animated conversations. Her life unfolded with a gentle simplicity: each morning, she opened the doors of the library, greeted a few loyal readers, and then lost herself among the pages of the old books she cherished.

One day, while sorting through dusty volumes in a forgotten corner of the library, Claire felt something unusual beneath the cover of a worn book. Curious, she opened it and discovered, tucked between two pages, a yellowed envelope, weathered by time. On the front, in elegant but faded letters, was a name: "Marguerite."

With trembling hands, Claire delicately tore open the envelope and pulled out a fragile sheet filled with fine, nervous handwriting. The words spoke of a lost love, an unfulfilled promise, and a memory that seemed to haunt the one who had written it. Touched by these confessions from another time, Claire felt, for a moment, close to this stranger named Marguerite.

Days passed, and soon this unique discovery turned into a series of finds. Over the months, Claire uncovered other letters hidden in various books: some spoke of lost friendships, others of shattered dreams or journeys taken without return. Each letter seemed to capture a fragment of life, a shard of soul lost in the dusty corners of the library.

Claire began to await these discoveries with an eagerness she had never known. Each letter revealed stories of people whose names, faces, and voices had faded with time. Yet their words remained alive, floating in the silence of the library.

As she read through these letters, Claire began to feel a strange connection forming between these tales and her own life. The stories of love, loss, and hope resonated within her in unexpected ways. Gradually, she recalled her own memories: forgotten dreams, vanished friendships, and even that love she had never dared to express. The letters became a mirror in which she contemplated not only the past of others but also her own.

One winter evening, as snow gently fell over Montmartre, Claire discovered one last letter, carefully folded and hidden in a book about the history of Paris. This one, strangely, bore no name. The words it contained were poignantly simple: "To whoever finds these words, I leave you my memories. May you remember that time passes, but words remain. They are our imprint, our legacy."

Claire closed the letter and held it close to her heart. That evening, for the first time in a long time, she felt ready to write her own words, to tell her own story. She took a notebook and began to write, laying down on paper the memories, hopes, and regrets that had existed only in the silence of her heart until now.

The little library in Montmartre continued to shelter its secrets, but now, Claire was no longer just the guardian of others' words. She was also the author of her own memories, her own legacy.

Le Dernier Café

Jean-Paul Martin avait soixante-trois ans, une barbe blanche soigneusement taillée, et une casquette de laine qu'il portait tous les jours, peu importe la saison. Ce matin-là, il s'assit à sa table habituelle dans un petit café de quartier, en plein cœur de Paris. Le "Café des Amis", comme il était nommé, était son refuge depuis des années, un lieu où les visages familiers et les souvenirs flottaient encore dans l'air, où le bruit des cuillères contre les tasses s'entremêlait avec les éclats de rire et les discussions animées.

Mais ce jour-là, l'ambiance était différente. Un panneau sur la porte annonçait que le café fermerait définitivement dans une semaine, victime de la gentrification qui transformait peu à peu le quartier en un lieu plus chic, plus moderne, et surtout, plus cher. Jean-Paul regarda autour de lui avec un soupir de tristesse. Il savait que ce serait peut-être la dernière fois qu'il profiterait de ce lieu qui avait été témoin de tant de moments de sa vie.

Alors qu'il contemplait sa tasse de café, plusieurs habitués prirent place autour de lui. Il y avait Marie, la fleuriste du coin, avec son tablier encore couvert de pétales ; Ahmed, le cordonnier, qui vivait dans le quartier depuis plus de quarante ans ; et Louise, une étudiante en philosophie, toujours plongée dans ses livres, mais aujourd'hui le regard perdu.

La conversation débuta doucement, chacun hésitant, ne sachant trop comment exprimer le chagrin que cette fermeture leur inspirait.

« C'est triste, tout de même, de voir ce lieu disparaître, » dit Marie en caressant le bord de sa tasse. « J'ai l'impression de perdre un ami. »

Ahmed acquiesça en silence avant de prendre la parole, la voix un peu rauque. « Je me souviens de la première fois que je suis venu ici, c'était en 1981. Je venais d'ouvrir mon atelier. On n'avait pas encore les grandes chaînes de cafés, ici c'était notre chez-nous. »

Jean-Paul écoutait en silence, un sourire mélancolique aux lèvres. Le "Café des Amis" avait été le témoin discret de ses propres souvenirs : les rendez-vous ratés, les discussions passionnées, les rires, mais aussi les larmes versées dans la solitude d'une table d'angle.

Louise, la plus jeune du groupe, prit enfin la parole. « Ce café m'a offert un refuge, loin du tumulte de la vie universitaire. Ici, je pouvais réfléchir, lire, rencontrer des gens... »

Un silence s'installa alors, rempli de souvenirs partagés. Ils savaient tous que ce n'était pas seulement un lieu qu'ils perdaient, mais aussi une partie de leur histoire, une pierre angulaire de leur quotidien.

Après un moment, Jean-Paul se mit à raconter une anecdote. « Il y a dix ans, un étranger est entré ici. Il ne parlait pas un mot de français, mais il est resté, a commandé un café en montrant le menu et a tenté de discuter avec moi. On a fini par parler avec des gestes, des sourires et des rires. Ce jour-là, j'ai réalisé que ce café, c'était un peu notre tour de Babel, un endroit où toutes les voix se mélangent. »

Marie sourit, les yeux brillants. « Ce lieu nous a unis, malgré nos différences. C'est plus qu'un café, c'est une mémoire collective. »

Ahmed acquiesça. « Je crains que ce quartier ne devienne plus uniforme, sans âme. On remplace les vieilles boutiques, les petits cafés, par des enseignes qui se ressemblent toutes. »

La conversation continua, mêlant les souvenirs heureux et les regrets. Ils parlaient des anciennes fêtes de quartier, des soirs où la terrasse du café débordait de rires et de chansons, des visages qui avaient disparu mais qui restaient présents dans leurs cœurs.

Alors que l'heure tournait, chacun finit par se lever, déposant sur la table quelques pièces et un dernier regard de tendresse pour ce lieu qui les avait vus vieillir, rire, pleurer. Jean-Paul fut le dernier à quitter le café. Il fit une pause devant l'enseigne, la main sur la porte, comme pour graver cet instant dans sa mémoire.

Avant de s'éloigner, il se retourna une dernière fois, observant le "Café des Amis", baigné dans la lumière du matin. Peut-être qu'un autre lieu remplacerait ce café, mais il savait que l'âme de ce quartier, elle, resterait à jamais dans le cœur de ceux qui, comme lui, avaient partagé des instants précieux dans ce petit coin de Paris.

The Last Café

Jean-Paul Martin was sixty-three years old, with a neatly trimmed white beard and a wool cap that he wore every day, no matter the season. That morning, he sat at his usual table in a small neighborhood café, right in the heart of Paris. The "Café des Amis," as it was called, had been his refuge for years, a place where familiar faces and memories still floated in the air, where the sound of spoons against cups mingled with bursts of laughter and lively conversations.

But that day, the atmosphere was different. A sign on the door announced that the café would close its doors for good in a week, a victim of the gentrification that was gradually transforming the neighborhood into a trendier, more modern, and above all, more expensive place. Jean-Paul looked around with a sigh of sadness. He knew this might be the last time he would enjoy this place that had witnessed so many moments of his life.

As he contemplated his cup of coffee, several regulars took their seats around him. There was Marie, the florist from the corner, with her apron still covered in petals; Ahmed, the cobbler, who had lived in the neighborhood for over forty years; and Louise, a philosophy student, always buried in her books but today looking lost in thought.

The conversation began slowly, each one hesitant, unsure how to express the sorrow that this closure inspired in them.

"It's sad, really, to see this place disappear," said Marie, stroking the edge of her cup. "I feel like I'm losing a friend."

Ahmed nodded silently before speaking, his voice a bit hoarse. "I remember the first time I came here; it was in 1981. I had just opened my workshop. We didn't have the big coffee chains back then; this was our home."

Jean-Paul listened in silence, a melancholic smile on his lips. The "Café des Amis" had been the discreet witness to his own memories: missed dates, passionate discussions, laughter, but also tears shed in the solitude of a corner table.

Louise, the youngest of the group, finally spoke up. "This café has offered me a refuge, away from the hustle and bustle of university life. Here, I could think, read, and meet people..."

A silence fell, filled with shared memories. They all knew that they were not just losing a place, but also a part of their story, a cornerstone of their daily lives.

After a moment, Jean-Paul began to recount an anecdote. "Ten years ago, a stranger walked in here. He didn't speak a word of French, but he stayed, ordered a coffee by pointing at the menu, and tried to talk to me. We ended up communicating with gestures, smiles, and laughter. That day, I realized that this café was a bit like our Tower of Babel, a place where all voices mixed together."

Marie smiled, her eyes shining. "This place has united us, despite our differences. It's more than a café; it's a collective memory."

Ahmed nodded. "I fear that this neighborhood will become more uniform, soulless. They're replacing the old shops, the little cafés, with chain stores that all look the same."

The conversation continued, blending happy memories and regrets. They reminisced about the old neighborhood festivals, the evenings when the café's terrace overflowed with laughter and songs, the faces that had disappeared but remained present in their hearts.

As time passed, everyone eventually stood up, leaving a few coins on the table and taking one last tender look at the place that had seen them grow old, laugh, and cry. Jean-Paul was the last to leave the café. He paused in front of the sign, his hand on the door, as if to engrave that moment in his memory.

Before walking away, he turned around one last time, gazing at the "Café des Amis," bathed in the morning light. Perhaps another place would replace this café, but he knew that the spirit of this neighborhood would forever remain in the hearts of those who, like him, had shared precious moments in this little corner of Paris.

Les Jardins du Silence

―――

Madeleine Lemoine n'avait jamais imaginé hériter d'un domaine à la campagne. Pourtant, après la disparition de son oncle éloigné, elle se retrouva propriétaire d'une vieille maison en Provence, au cœur d'un petit village bordé de collines et de champs de lavande. La maison, bien que magnifique dans son austérité, était entourée d'un jardin à l'abandon, envahi de ronces et de mauvaises herbes.

Madeleine, veuve depuis plusieurs années, n'était pas du genre à fuir les défis. Elle se mit donc au travail, déterminée à restaurer le jardin et à redonner vie à ce lieu oublié. Jour après jour, elle nettoyait les allées, redressait les vieilles fontaines, et dégageait les buissons envahis. Le travail était ardu, mais elle y trouvait un certain apaisement, un refuge pour ses pensées, qui, comme ce jardin, cherchaient à se libérer des ombres du passé.

Un matin, alors qu'elle arrachait des ronces près du mur de pierre qui séparait sa propriété de celle de son voisin, elle aperçut une silhouette de l'autre côté. Un homme aux cheveux grisonnants et au visage empreint de solitude l'observait en silence. Intriguée, Madeleine le salua timidement.

« Bonjour, monsieur. Je suis Madeleine Lemoine, la nouvelle propriétaire de ce domaine. »

L'homme hocha la tête. « Armand Roche, enchanté. C'est rare de voir quelqu'un s'occuper de ce jardin... Il est resté si longtemps à l'abandon. »

Au fil des jours, leurs échanges se firent de plus en plus fréquents. Armand venait souvent la rejoindre de l'autre côté du mur, apportant parfois des outils, d'autres fois des conseils sur les plantes locales. Bien qu'il fût d'un naturel réservé, il semblait apprécier leur travail en commun et, peu à peu, leur complicité grandit.

Madeleine découvrit qu'Armand, lui aussi, portait le poids du deuil. Sa femme était décédée plusieurs années auparavant, et depuis, il vivait seul dans sa grande maison, préférant la solitude aux bavardages du village. Les jardins devinrent pour eux un lieu de partage silencieux, un espace où les mots étaient parfois inutiles, remplacés par le bruissement des feuilles et le chant des oiseaux.

Un après-midi, alors qu'ils dégageaient un parterre envahi de lierre, Armand remarqua quelque chose briller sous la terre. Ils déterrèrent ensemble un vieux médaillon en argent, couvert de terre et terni par les années. À l'intérieur, ils découvrirent une photo ancienne d'une femme souriante, tenant un bouquet de fleurs des champs.

« Cette femme… c'est la tante de ma femme, » murmura Armand, surpris. « Elle habitait ici, autrefois. C'était une grande amoureuse des jardins. »

Ensemble, ils décidèrent de dédier une partie du jardin à cette femme du passé. Ils y plantèrent des fleurs sauvages, des rosiers anciens et quelques herbes aromatiques, créant ainsi un espace en hommage à ceux qui avaient jadis habité ce lieu. Le jardin devint un lieu de mémoire, non seulement pour Madeleine et Armand, mais pour toutes les histoires qui semblaient flotter dans l'air, comme des murmures venus du passé.

Peu à peu, le jardin renaissait. Les roses retrouvaient leurs couleurs, les lavandes embaumaient l'air de leurs parfums, et les vieilles fontaines recommençaient à chanter sous le soleil de Provence. Madeleine et Armand trouvaient dans ce travail une forme de guérison, un apaisement pour leurs âmes marquées par la perte et la solitude.

Un soir, alors que le soleil se couchait sur les collines, Madeleine et Armand s'assirent sur un banc en pierre, face à leur jardin rénové. Le silence était apaisant, et pour la première fois depuis longtemps, Madeleine sentit son cœur en paix.

« Merci, Madeleine, » murmura Armand, les yeux rivés sur les fleurs qui dansaient doucement dans la brise. « Ce jardin... c'est bien plus qu'un jardin maintenant. »

Madeleine lui sourit, émue. Elle savait qu'ils avaient tous deux trouvé, au cœur de ce lieu oublié, un nouvel espoir. Leur amitié, née au milieu des fleurs et des souvenirs, leur avait permis de tourner une page, de trouver dans la nature et le silence une nouvelle forme de bonheur.

Le jardin continuerait de grandir, d'évoluer, tout comme leur lien, fort et paisible. Les jours passeraient, les saisons changeraient, mais les "Jardins du Silence" resteraient leur refuge, leur souvenir vivant, et leur hommage à ceux qui, autrefois, avaient aimé cet endroit.

The Gardens of Silence

Madeleine Lemoine had never imagined inheriting an estate in the countryside. Yet, after the passing of a distant uncle, she found herself the owner of an old house in Provence, nestled in a small village surrounded by hills and fields of lavender. The house, though beautiful in its austerity, was encircled by a neglected garden, overrun with brambles and weeds.

Madeleine, a widow for several years, was not one to shy away from challenges. She rolled up her sleeves, determined to restore the garden and breathe new life into this forgotten place. Day by day, she cleared the pathways, righted the old fountains, and cleared the overgrown bushes. The work was hard, but it provided her with a sense of peace—a refuge for her thoughts, which, like the garden, sought to escape the shadows of the past.

One morning, as she was pulling up brambles near the stone wall that separated her property from her neighbor's, she caught sight of a figure on the other side. A man with graying hair and a face etched with solitude was watching her silently. Intrigued, Madeleine greeted him shyly.

"Hello, sir. I'm Madeleine Lemoine, the new owner of this estate."

The man nodded. "Armand Roche, nice to meet you. It's rare to see someone taking care of this garden... It has been neglected for so long."

As the days went by, their exchanges grew more frequent. Armand often came to join her from the other side of the wall, sometimes bringing tools, other times offering advice on local plants. Although he was naturally reserved, he seemed to enjoy their shared work, and gradually, their bond deepened.

Madeleine discovered that Armand, too, carried the weight of grief. His wife had passed away several years prior, and since then, he had lived alone in his large house, preferring solitude over the chatter of the village. The gardens became a place of silent sharing for them, a space where words were sometimes unnecessary, replaced by the rustling of leaves and the songs of birds.

One afternoon, while they were clearing a flowerbed choked with ivy, Armand noticed something shining beneath the soil. Together, they unearthed an old silver locket, covered in dirt and tarnished by time. Inside, they found a faded photograph of a smiling woman holding a bouquet of wildflowers.

"This woman... she was my wife's aunt," Armand murmured, surprised. "She lived here once. She was a great lover of gardens."

Together, they decided to dedicate a portion of the garden to this woman from the past. They planted wildflowers, old roses, and a few herbs, creating a space in homage to those who had once inhabited this place. The garden became a place of remembrance, not only for Madeleine and Armand but for all the stories that seemed to float in the air like whispers from the past.

Slowly, the garden began to bloom again. The roses regained their colors, the lavenders filled the air with their fragrance, and the old fountains began to sing under the Provençal sun. Madeleine and Armand found in this work a form of healing, a comfort for their souls marked by loss and solitude.

One evening, as the sun set over the hills, Madeleine and Armand sat on a stone bench facing their restored garden. The silence was soothing, and for the first time in a long while, Madeleine felt her heart at peace.

"Thank you, Madeleine," Armand murmured, his eyes fixed on the flowers dancing gently in the breeze. "This garden... it's much more than a garden now."

Madeleine smiled at him, moved. She knew they had both found, at the heart of this forgotten place, a new hope. Their friendship, born among the flowers and memories, had allowed them to turn a page, finding in nature and silence a new form of happiness.

The garden would continue to grow and evolve, just like their bond, strong and tranquil. Days would pass, seasons would change, but the "Gardens of Silence" would remain their refuge, their living memory, and their tribute to those who had once loved this place.

Les Secrets de Chloé

Chloé Renaud n'avait jamais réellement connu ses grands-parents, mais elle savait que leur maison, un grand manoir à l'extérieur de Lyon, cachait bien des histoires. Lorsqu'elle hérita de cette demeure, Chloé, historienne de l'art de formation, décida de consacrer son temps à cataloguer la collection de tableaux qui y était entreposée depuis des décennies. Cette mission, qui n'était au départ qu'un travail de préservation, se transforma peu à peu en une quête personnelle, un chemin vers le passé de sa propre famille.

Le manoir, avec ses murs épais et ses hauts plafonds, semblait abriter des murmures. Les tableaux accrochés aux murs, certains recouverts de poussière et d'autres soigneusement conservés, témoignaient d'époques révolues et de goûts variés, allant du réalisme le plus strict aux abstractions colorées. En explorant chaque toile, Chloé sentit que ces œuvres détenaient des fragments d'histoire, des fragments de ses racines.

Un jour, alors qu'elle examinait un tableau représentant une scène de campagne en apparence paisible, elle remarqua une inscription discrète au dos de la toile : Pour G. avec amour, 1942. Intriguée, Chloé tenta de faire des recherches. Elle savait que ses grands-parents avaient vécu dans cette maison pendant l'Occupation allemande, mais les détails de leur vie à cette époque lui étaient toujours restés flous.

Cette simple inscription déclencha en elle une curiosité presque obsessionnelle. Qui était ce "G." ? Était-ce un hommage, une déclaration, ou un secret bien gardé ?

Dans le grenier, où de vieilles caisses de bois étaient empilées, Chloé découvrit un carton jauni rempli de lettres et de photographies en noir et blanc. Les lettres, soigneusement pliées et rangées, étaient signées par une certaine Marguerite, qu'elle reconnut comme sa grand-mère. Cependant, certains détails dans ces lettres lui firent froncer les sourcils. Marguerite y faisait référence à des rencontres secrètes, à des rendez-vous dans des endroits discrets de la ville, et à une personne nommée Gérard. Chloé sentit une étrange émotion l'envahir – de la fascination, mêlée à une pointe de crainte.

Au fil de sa lecture, elle comprit que Marguerite avait entretenu une relation secrète avec Gérard, un résistant qui avait combattu l'occupation allemande à Lyon. Les lettres faisaient état de discussions nocturnes, de messages codés, de promesses d'avenir. La tension entre Marguerite et Gérard transparaissait dans chaque ligne, chaque mot, et Chloé comprit alors combien le passé de sa famille était marqué par les tourments de l'Histoire.

Alors qu'elle classait ces lettres dans l'ordre chronologique, elle tomba sur une dernière lettre, écrite en 1944, où Marguerite confiait à Gérard ses craintes, son amour, et l'espoir qu'ils puissent se retrouver après la guerre. Cette lettre, cependant, restait sans réponse. Chloé se demanda ce qu'il était advenu de Gérard, si Marguerite l'avait revu ou s'il était simplement resté un souvenir caché dans les ombres de la mémoire.

Ce secret, resté enfoui pendant des décennies, bouleversa Chloé. Elle sentit que cette découverte révélait bien plus que l'histoire de ses grands-parents – elle révélait aussi une part d'elle-même, comme si les choix de Marguerite, son courage et son amour interdit, résonnaient en elle. En descendant du grenier ce jour-là, Chloé se sentit étrangement proche de cette grand-mère qu'elle n'avait que peu connue.

Dans les semaines qui suivirent, elle continua de cataloguer les tableaux, mais désormais avec un regard différent. Chaque tableau, chaque détail semblait lui murmurer des souvenirs, comme si le manoir lui-même l'accueillait dans une étreinte invisible, lui dévoilant les secrets de ses murs.

Lorsqu'elle termina son travail, elle décida de conserver le manoir. C'était plus qu'une demeure ; c'était un héritage de secrets et de révélations, un lieu où les histoires de sa famille resteraient protégées. En partant, Chloé jeta un dernier regard aux tableaux qui ornaient les murs du grand salon. Elle savait qu'ils étaient plus que de simples œuvres d'art ; ils étaient les témoins silencieux de l'amour, des luttes, et des choix de ceux qui l'avaient précédée.

Le passé, se dit-elle, avait enfin trouvé sa voix. Et à travers les secrets de Marguerite, Chloé découvrait peu à peu son propre chemin, celui d'une héritière de souvenirs, portant en elle la force des histoires qui avaient traversé le temps.

Chloé's Secrets

Chloé Renaud had never really known her grandparents, but she knew that their house, a large manor outside Lyon, held many stories. When she inherited this residence, Chloé, a trained art historian, decided to dedicate her time to cataloging the collection of paintings that had been stored there for decades. This task, which initially seemed like a preservation effort, gradually transformed into a personal quest, a journey into her family's past.

The manor, with its thick walls and high ceilings, seemed to harbor whispers. The paintings hung on the walls, some covered in dust and others carefully preserved, bore witness to bygone eras and varied tastes, ranging from strict realism to colorful abstractions. As Chloé explored each canvas, she felt that these works held fragments of history, pieces of her roots.

One day, while examining a seemingly peaceful countryside scene, she noticed a discreet inscription on the back of the canvas: For G. with love, 1942. Intrigued, Chloé attempted to conduct research. She knew her grandparents had lived in this house during the German Occupation, but the details of their lives during that time had always remained vague to her.

This simple inscription sparked an almost obsessive curiosity within her. Who was this "G."? Was it a tribute, a declaration, or a well-kept secret?

In the attic, where old wooden boxes were piled high, Chloé discovered a yellowed box filled with letters and black-and-white photographs. The letters, carefully folded and stored, were signed by a certain Marguerite, whom she recognized as her grandmother. However, some details in these letters made her furrow her brow. Marguerite referred to secret meetings, rendezvous in discreet places around the city, and a person named Gérard. Chloé felt a strange emotion wash over her—a mix of fascination and a hint of fear.

As she read on, she realized that Marguerite had been involved in a secret relationship with Gérard, a resistance fighter who had fought against the German occupation in Lyon. The letters spoke of nocturnal discussions, coded messages, and promises for the future. The tension between Marguerite and Gérard was evident in every line, every word, and Chloé understood how deeply her family's past was marked by the turmoil of history.

As she organized these letters chronologically, she came across a final letter written in 1944, where Marguerite confided her fears, her love, and her hope that they could reunite after the war. However, this letter remained unanswered. Chloé wondered what had become of Gérard—if Marguerite had seen him again or if he had simply remained a hidden memory in the shadows of her mind.

This secret, buried for decades, shook Chloé to her core. She felt that this discovery revealed much more than just her grandparents' history—it also unveiled a part of herself, as if Marguerite's choices, her courage, and her forbidden love resonated within her. When she descended from the attic that day, Chloé felt strangely close to the grandmother she had barely known.

In the weeks that followed, she continued to catalog the paintings, but now with a different perspective. Each painting, each detail seemed to whisper memories to her, as if the manor itself welcomed her in an invisible embrace, revealing the secrets of its walls.

When she finished her work, she decided to keep the manor. It was more than just a house; it was a legacy of secrets and revelations, a place where her family's stories would remain safeguarded. As she left, Chloé cast one last glance at the paintings that adorned the walls of the grand salon. She knew they were more than mere works of art; they were silent witnesses to the love, struggles, and choices of those who had come before her.

The past, she thought, had finally found its voice. And through Marguerite's secrets, Chloé was gradually discovering her own path, that of an heiress of memories, carrying within her the strength of stories that had traversed time.

L'Étrangère dans le Quartier

Charlotte Moreau descendit du taxi avec ses cartons et ses valises, jetant un coup d'œil autour d'elle. La rue de son nouveau quartier à Marseille était bordée de petits immeubles colorés, ornés de plantes grimpantes et de balcons surchargés de fleurs. Elle venait tout juste de divorcer, et ce déménagement marquait le début d'une nouvelle vie – ou, du moins, c'était ce qu'elle espérait.

Alors qu'elle s'apprêtait à entrer dans le hall de son immeuble, une femme d'une cinquantaine d'années, au visage souriant et aux cheveux couleur de miel, l'interpella depuis le balcon d'en face.

« Bonjour ! Vous êtes la nouvelle voisine, n'est-ce pas ? Moi, c'est Monique ! Bienvenue dans le quartier ! »

Charlotte leva les yeux et sourit. « Oui, c'est ça ! Je m'appelle Charlotte. »

À peine avait-elle terminé de se présenter qu'un homme vêtu d'une chemise bariolée, portant un chapeau de paille, s'approcha d'elle avec une poignée de petites pâtisseries dans une assiette.

« Bonjour, mademoiselle ! Moi, c'est M. Albert, le concierge. Voici un petit cadeau de bienvenue ! C'est moi qui les ai faites, des navettes à la fleur d'oranger ! »

Charlotte, surprise mais touchée, accepta l'assiette en le remerciant chaleureusement. Elle n'avait jamais vécu dans un quartier aussi chaleureux et accueillant. À Paris, où elle habitait avant, elle connaissait à peine ses voisins.

Au fil des jours, elle rencontra d'autres habitants du quartier. Il y avait M. Leclerc, l'homme en costume qui promenait son chien tous les matins à la même heure, les jumeaux enjoués du troisième étage qui jouaient au ballon devant l'immeuble, et Mme Dupuis, la vieille dame du premier étage qui passait ses journées à observer les allées et venues depuis sa fenêtre.

Peu à peu, Charlotte s'habitua à cette vie de quartier, à ses routines et à ses personnages hauts en couleur. Monique l'invita régulièrement à prendre un café, et elles parlaient de tout et de rien – surtout de la vie amoureuse de Charlotte, ce qui amusait Monique au plus haut point.

Un jour, en descendant les escaliers, Charlotte entendit un éclat de voix provenant de l'appartement de M. Albert. Elle frappa à la porte, inquiète. M. Albert lui ouvrit, l'air embarrassé, tenant un poisson dans un grand bocal.

« Ah, Charlotte ! C'est Gustave, mon poisson rouge... Il refuse de manger depuis trois jours, et je ne sais plus quoi faire. Vous avez un animal, vous ? Peut-être que vous pourriez m'aider ? »

Charlotte se retint de rire, mais répondit avec sérieux. « Je n'ai pas de poisson, mais j'ai eu un chat, autrefois. Parfois, les animaux ont juste besoin de changer d'environnement, ou d'un peu de stimulation. Essayez de déplacer le bocal près de la fenêtre, peut-être ? »

M. Albert la remercia, convaincu que Charlotte possédait un don pour les animaux. Quelques jours plus tard, il annonça fièrement que Gustave avait retrouvé son appétit, et il invita Charlotte à un dîner pour la remercier.

Au fil du temps, Charlotte apprit à apprécier ces petits moments, ces interactions improbables qui peuplaient son quotidien. Elle se sentait enfin à sa place, comme si elle avait trouvé une famille de substitution dans ce quartier.

Pourtant, il restait une personne avec qui elle n'avait jamais échangé un mot. C'était le mystérieux voisin du dernier étage, un homme d'une trentaine d'années, toujours plongé dans ses livres, qu'elle croisait parfois dans le hall. Il était réservé, presque invisible, et cela intrigua Charlotte. Monique, bien sûr, avait déjà un avis : « Il doit être écrivain ou quelque chose dans le genre. Un homme mystérieux comme lui, ça cache toujours une histoire. »

Un soir, alors qu'elle rentrait du travail, elle croisa ce voisin dans l'ascenseur. Après quelques secondes de silence, elle se risqua à lui parler.

« Bonsoir, je m'appelle Charlotte. Je viens d'emménager. »

L'homme releva les yeux de son livre et lui adressa un léger sourire. « Enchanté, moi c'est Marc. Vous vous plaisez dans le quartier ? »

Charlotte hocha la tête, souriant elle aussi. « Oui, les voisins sont... spéciaux, mais très gentils. »

Ils rirent ensemble et, peu à peu, au fil des jours, commencèrent à se saluer, à échanger quelques mots, et finalement, à partager des cafés. Marc devint un ami précieux pour Charlotte, un confident dans ses moments de doute et de solitude.

Ainsi, en quelques mois, la vie de Charlotte changea du tout au tout. Ce quartier, avec ses habitants uniques et bienveillants, lui avait apporté bien plus qu'un nouveau départ. Elle y avait trouvé un véritable foyer, un lieu où elle pouvait être elle-même, entourée de personnes sincères et excentriques.

Quand elle pensait à sa vie d'avant, à la solitude de Paris et à son mariage révolu, Charlotte se rendait compte combien elle avait gagné en liberté et en joie de vivre en arrivant ici. Elle savait désormais qu'elle n'était plus une étrangère dans ce quartier ; elle en faisait partie, pleinement.

The Stranger in the Neighborhood

Charlotte Moreau stepped out of the taxi with her boxes and suitcases, glancing around. The street in her new neighborhood in Marseille was lined with small, colorful buildings adorned with climbing plants and balconies overflowing with flowers. She had just gone through a divorce, and this move marked the beginning of a new life—or so she hoped.

As she was about to enter the lobby of her building, a smiling woman in her fifties with honey-colored hair called out to her from the balcony across the way.

"Hello! You're the new neighbor, aren't you? I'm Monique! Welcome to the neighborhood!"

Charlotte looked up and smiled. "Yes, that's me! My name is Charlotte."

As soon as she finished introducing herself, a man in a colorful shirt and a straw hat approached her, holding a plate of small pastries.

"Hello, miss! I'm Mr. Albert, the concierge. Here's a little welcome gift! I made these—navettes with orange blossom!"

Surprised but touched, Charlotte accepted the plate, thanking him warmly. She had never lived in such a warm and welcoming neighborhood. In Paris, where she used to live, she barely knew her neighbors.

Over the days that followed, she met other residents of the neighborhood. There was Mr. Leclerc, the man in a suit who walked his dog every morning at the same time; the playful twins on the third floor who kicked a ball around in front of the building; and Mrs. Dupuis, the elderly lady on the first floor who spent her days observing the comings and goings from her window.

Gradually, Charlotte grew accustomed to this neighborhood life, its routines, and its colorful characters. Monique regularly invited her for coffee, and they talked about everything and nothing—mostly about Charlotte's love life, which amused Monique to no end.

One day, as she was coming down the stairs, Charlotte heard a loud voice coming from Mr. Albert's apartment. She knocked on the door, worried. Mr. Albert opened the door, looking embarrassed, holding a fish in a large bowl.

"Oh, Charlotte! This is Gustave, my goldfish... He hasn't eaten in three days, and I don't know what to do. Do you have a pet? Maybe you could help me?"

Charlotte stifled a laugh but replied seriously, "I don't have a fish, but I had a cat once. Sometimes animals just need a change of environment or a bit of stimulation. Try moving the bowl near the window, maybe?"

Mr. Albert thanked her, convinced that Charlotte had a gift with animals. A few days later, he proudly announced that Gustave had regained his appetite and invited Charlotte to dinner to thank her.

Over time, Charlotte learned to appreciate these small moments, these improbable interactions that filled her daily life. She finally felt at home, as if she had found a surrogate family in this neighborhood.

Yet there was still one person with whom she had never exchanged a word. It was the mysterious neighbor on the top floor, a man in his thirties, always buried in his books, whom she occasionally crossed paths with in the lobby. He was reserved, almost invisible, which intrigued Charlotte. Monique, of course, had her opinion: "He must be a writer or something like that. A mysterious man like him always has a story to hide."

One evening, as she was coming home from work, she bumped into this neighbor in the elevator. After a few seconds of silence, she took the chance to speak to him.

"Good evening, my name is Charlotte. I just moved in."

The man looked up from his book and gave her a slight smile. "Nice to meet you, I'm Marc. Are you enjoying the neighborhood?"

Charlotte nodded, smiling back. "Yes, the neighbors are... interesting, but very nice."

They laughed together, and gradually, over the days, they began to greet each other, exchange a few words, and finally, share coffees. Marc became a valuable friend for Charlotte, a confidant during her moments of doubt and loneliness.

Thus, in just a few months, Charlotte's life changed completely. This neighborhood, with its unique and caring residents, offered her far more than just a new beginning. She had found a true home, a place where she could be herself, surrounded by sincere and eccentric people.

When she thought about her life before, the solitude of Paris, and her ended marriage, Charlotte realized how much she had gained in freedom and joy by coming here. She now knew she was no longer a stranger in this neighborhood; she was a part of it, fully.

Les Ombres

―――

Avril Lavergne traversa la petite place pavée de ce village normand endormi, son imperméable beige flottant derrière elle. En tant que détective privée, elle avait l'habitude des affaires insolites, mais celle-ci promettait d'être particulièrement intrigante. Elle avait été engagée par un homme d'un certain âge, Louis Mercier, pour résoudre un mystère de famille autour d'un testament disparu.

La maison des Mercier, un manoir ancien entouré d'arbres imposants et de haies bien taillées, semblait tout droit sortie d'un roman de Maupassant. La famille, composée de personnages hauts en couleur, l'attendait dans le salon, chacun manifestant à sa manière une forme d'hostilité ou de méfiance à son égard.

Il y avait d'abord Hélène, la sœur aînée de Louis, une femme austère aux cheveux tirés en un chignon sévère. À ses côtés, Paul, le cousin qui vivait aux États-Unis et qui était revenu pour l'occasion, affichait un air détaché, presque cynique. Ensuite, il y avait Marie, la benjamine, douce et réservée, mais dont le regard trahissait une certaine amertume. Enfin, Jacques, le neveu excentrique et artiste, qui semblait plus préoccupé par ses toiles que par les histoires de famille.

Avril se présenta et expliqua brièvement le but de sa visite : retrouver le testament d'Henri Mercier, le patriarche décédé trois mois plus tôt, et comprendre pourquoi il avait décidé, dans ses derniers jours, de modifier la répartition de son héritage. Elle leur proposa de les rencontrer chacun individuellement pour recueillir leurs versions des faits.

Hélène fut la première à parler. Elle expliqua à Avril qu'Henri était un homme d'une grande rigueur, profondément attaché aux traditions familiales. « Mon père n'aurait jamais changé son testament sans raison.

Il avait des principes. Tout ça me semble étrange... Il devait être influencé par quelqu'un, et j'ai ma petite idée de qui. »

Avril hocha la tête, attentive aux sous-entendus d'Hélène. Elle savait déjà qu'il y avait des tensions dans cette famille, et elle commençait à comprendre que chaque membre avait une vision très personnelle des choses.

Paul, de retour des États-Unis, afficha un air désabusé lorsqu'il évoqua la fortune familiale. « Je n'ai jamais été intéressé par cet argent. Je suis là pour la famille, mais je dois avouer que tout ce mystère m'intrigue. Vous savez, dans chaque famille, il y a des secrets. Mon oncle Henri n'était pas un saint, malgré ce que certains veulent croire. »

Avril sentit dans son discours un détachement étrange, comme s'il cherchait à se distancer de l'histoire tout en restant curieux de son dénouement.

Marie, plus émotive, raconta à Avril sa relation compliquée avec son père. Elle révéla, non sans peine, qu'elle avait souvent été en désaccord avec lui, particulièrement concernant ses choix de vie. « Papa voulait que je suive le chemin qu'il avait tracé pour moi. Mais j'avais d'autres rêves, des rêves qui ne l'intéressaient pas. Peut-être que j'ai été effacée du testament à cause de ça... »

Avril nota la douleur dans la voix de Marie, consciente que ces blessures anciennes pouvaient influencer sa perception des événements récents.

Jacques, quant à lui, semblait complètement détaché de cette histoire d'héritage. Il invita Avril dans son atelier, où il peignait de grandes toiles abstraites aux couleurs vives. « L'argent ne m'intéresse pas, vous savez. Mon art, c'est tout ce qui compte pour moi. Mais il y avait quelque chose entre mon grand-père et Marie... une complicité que je n'ai jamais vraiment comprise. Peut-être que le testament avait un rapport avec ça. »

En écoutant chacun des membres de la famille, Avril percevait des morceaux d'une histoire plus complexe qu'elle ne l'avait imaginé. Chaque témoignage révélait un pan caché des relations et des rancœurs familiales, des non-dits qui pesaient lourd.

Au terme de ses entretiens, Avril se sentit prête à reconstituer les morceaux du puzzle. Elle réunit toute la famille dans le salon pour leur partager ses conclusions.

« Après avoir écouté chacun de vous, il est clair que le testament n'a pas été modifié sous pression extérieure. Henri Mercier était un homme qui avait ses propres raisons pour tout ce qu'il faisait. Il n'a pas changé son testament par caprice, mais pour que vous, sa famille, soyez obligés de vous parler, de comprendre ce qu'il estimait être important. »

Hélène fronça les sourcils, visiblement déconcertée par cette interprétation. « Que voulez-vous dire ? »

« Ce que je veux dire, c'est que votre père voulait que vous vous retrouviez, que vous appreniez à dépasser vos différends. Il savait que vous aviez tous des blessures à guérir, des vérités à accepter. En cachant ce testament, il vous obligeait, d'une certaine manière, à renouer avec le passé pour avancer. »

Les membres de la famille restèrent silencieux, chacun plongé dans ses réflexions. Pour la première fois, ils semblaient percevoir la portée de cet héritage non matériel que leur avait laissé Henri : un message d'unité et de réconciliation.

Avril quitta le manoir des Mercier avec le sentiment d'avoir accompli bien plus qu'une simple enquête. Elle avait aidé cette famille à ouvrir les yeux sur ses propres failles et à accepter, peut-être, de tourner la page. Tandis qu'elle s'éloignait dans la brume du soir, elle sourit, consciente que les mystères familiaux sont parfois bien plus profonds que les énigmes matérielles.

The Shadows

Avril Lavergne walked across the small cobblestone square of the sleepy Norman village, her beige raincoat billowing behind her. As a private detective, she was used to unusual cases, but this one promised to be particularly intriguing. She had been hired by an elderly man, Louis Mercier, to unravel a family mystery surrounding a missing will.

The Mercier house, an old manor surrounded by towering trees and neatly trimmed hedges, looked like something out of a Maupassant novel. The family, consisting of colorful characters, awaited her in the living room, each displaying some form of hostility or suspicion towards her.

First was Hélène, Louis's older sister, a stern woman with her hair pulled back into a tight bun. Beside her was Paul, the cousin who lived in the United States and had returned for the occasion, wearing a detached, almost cynical expression. Then there was Marie, the youngest, sweet and reserved, but whose gaze betrayed a certain bitterness. Finally, Jacques, the eccentric artist nephew, seemed more concerned with his canvases than with family matters.

Avril introduced herself and briefly explained the purpose of her visit: to locate Henri Mercier's will, the deceased patriarch who had passed away three months earlier, and to understand why he had chosen to alter the distribution of his inheritance in his final days. She suggested meeting each of them individually to gather their accounts of the situation.

Hélène was the first to speak. She explained to Avril that Henri was a man of great rigor, deeply attached to family traditions. "My father would never have changed his will without a reason. He had principles."

This all seems strange to me... He must have been influenced by someone, and I have my suspicions about who that might be."

Avril nodded, paying close attention to Hélène's implications. She already sensed that there were tensions within this family, and she began to understand that each member had a very personal perspective on things.

Paul, back from the United States, displayed a disillusioned expression as he discussed the family fortune. "I've never been interested in this money. I'm here for family, but I must admit that this whole mystery intrigues me. You know, every family has secrets. My uncle Henri wasn't a saint, despite what some might believe."

Avril felt a strange detachment in his words, as if he sought to distance himself from the story while still remaining curious about its outcome.

Marie, more emotional, recounted to Avril her complicated relationship with her father. She revealed, not without pain, that she often disagreed with him, especially regarding her life choices. "Dad wanted me to follow the path he had laid out for me. But I had other dreams, dreams that didn't interest him. Maybe I was left out of the will because of that..."

Avril noted the pain in Marie's voice, aware that these old wounds could influence her perception of recent events.

Jacques, on the other hand, seemed completely detached from this inheritance issue. He invited Avril to his studio, where he painted large abstract canvases in bright colors. "Money doesn't interest me, you know. My art is all that matters to me. But there was something between my grandfather and Marie... a complicity that I never really understood. Maybe the will had something to do with that."

As she listened to each family member, Avril perceived pieces of a story more complex than she had imagined. Each testimony revealed a hidden layer of family relationships and resentments, unspoken truths weighing heavily.

At the end of her interviews, Avril felt ready to piece together the puzzle. She gathered the entire family in the living room to share her conclusions.

"After listening to each of you, it's clear that the will was not changed under external pressure. Henri Mercier was a man who had his own reasons for everything he did. He didn't change his will on a whim, but to ensure that you, his family, were compelled to talk to each other, to understand what he believed was important."

Hélène frowned, visibly taken aback by this interpretation. "What do you mean?"

"What I mean is that your father wanted you to reconnect, to learn to move beyond your disagreements. He knew that you all had wounds to heal, truths to accept. By hiding this will, he was forcing you, in a way, to revisit the past in order to move forward."

The family members remained silent, each lost in thought. For the first time, they seemed to grasp the significance of the non-material legacy that Henri had left them: a message of unity and reconciliation.

Avril left the Mercier manor with the feeling that she had accomplished much more than a simple investigation. She had helped this family to open their eyes to their own flaws and perhaps to accept the possibility of turning the page. As she walked away into the evening mist, she smiled, aware that family mysteries are sometimes far deeper than material enigmas.

Le Livre des Reflets

Étienne Perrault avait toujours aimé se promener dans les ruelles anciennes de Bordeaux, particulièrement les jours de pluie. La lumière grise donnait aux façades des bâtiments une teinte mélancolique, et le calme des rues résonnait avec sa propre solitude. C'était lors d'une de ces errances qu'il tomba sur une petite librairie, nichée entre deux immeubles à colombages.

La vitrine poussiéreuse ne laissait entrevoir que peu de choses, mais une curiosité inexplicable le poussa à entrer. L'odeur de papier ancien et de cuir usé l'enveloppa dès qu'il franchit le seuil. Le libraire, un vieil homme au regard perçant, le salua d'un signe de tête sans dire un mot.

Alors qu'Étienne parcourait les étagères en bois massif, ses yeux se posèrent sur un livre posé à l'écart des autres. Il n'avait aucun titre sur la couverture, seulement une reliure en cuir noir, élégante mais austère. Intrigué, il le prit entre ses mains et sentit une étrange chaleur émaner de l'ouvrage.

« Ce livre vous appelle, semble-t-il, » murmura le libraire d'une voix rauque, comme s'il avait lu dans ses pensées.

Étienne hocha la tête, un peu déconcerté, et décida d'acheter le livre sans poser de questions.

De retour dans sa mansarde, il posa le livre sur son bureau, alluma une lampe et s'installa dans son fauteuil. Lorsqu'il ouvrit les premières pages, il fut surpris de découvrir qu'elles étaient entièrement vierges. Frustré mais aussi intrigué, il resta quelques instants à fixer le blanc des pages.

Soudain, des mots commencèrent à apparaître, comme s'ils surgissaient de l'intérieur du papier. Les phrases formaient un texte confus, mais au fil des secondes, elles prirent un sens familier. Étienne comprit avec stupéfaction que ces mots reflétaient des souvenirs de son propre passé : des bribes de son enfance, des pensées intimes qu'il n'avait jamais partagées avec personne.

Fasciné, il commença à écrire dans le livre. Au début, il se contenta de simples phrases, testant les limites du mystérieux objet. Mais bientôt, emporté par une force intérieure, il se mit à confier des souvenirs enfouis, des peurs secrètes, des désirs inavoués.

Chaque soir, il ouvrait Le Livre des Reflets, se laissant emporter par cette écriture presque compulsive. Et chaque fois qu'il écrivait, de nouveaux souvenirs jaillissaient, certains qu'il avait même oubliés, d'autres qu'il avait préféré ignorer. Le livre semblait lire en lui avec une précision déconcertante, comme un miroir révélant l'âme sous toutes ses facettes.

Il commença à perdre la notion du temps, songeant de plus en plus à ces pages mystérieuses, jusqu'à ce qu'il sente une frontière floue se former entre la réalité de son quotidien et les mots qu'il laissait dans le livre. Il percevait des souvenirs durant la journée, des scènes de son passé qui réapparaissaient devant ses yeux comme s'il y était à nouveau. Les images devenaient plus vivaces, plus intenses, et le livre semblait prendre vie à travers lui.

Peu à peu, Étienne réalisa que Le Livre des Reflets influençait non seulement ses pensées, mais aussi ses actions. Il se surprenait à faire des choix qu'il n'aurait jamais envisagés auparavant. Une voix intérieure – ou était-ce celle du livre ? – l'encourageait à explorer des aspects de sa personnalité qu'il avait longtemps réprimés.

Un jour, il écrivit dans le livre une scène où il affrontait une vieille rancune avec un ami perdu de vue depuis des années. Le lendemain, contre toute attente, il reçut un message de cet ami, cherchant à renouer contact. Étienne resta figé devant cet étrange hasard. Était-ce vraiment le livre qui influençait le cours de sa vie ?

Les jours suivants, il continua d'écrire, explorant des vérités qu'il n'avait jamais osé affronter. Chaque confession, chaque mot couché sur le papier semblait le rapprocher d'une vérité intérieure, mais aussi d'un abîme qui le terrifiait.

Un soir, alors qu'il écrivait une nouvelle fois, une phrase apparut sur la page sans qu'il l'ait écrite : « Es-tu prêt à tout voir, Étienne ? »

Le cœur battant, il sentit une peur sourde monter en lui. Était-il vraiment prêt à affronter ce que le livre cherchait à lui montrer ? Mais il savait qu'il ne pouvait plus reculer. Il tourna une page et laissa le livre lui révéler la suite.

Ce qu'il lut cette nuit-là bouleversa sa perception de lui-même. Des souvenirs réprimés refirent surface, des secrets de famille oubliés, des émotions qu'il avait enterrées au plus profond de son être. Le livre lui montra des vérités sur sa solitude, son besoin d'amour, ses erreurs passées et les choix qui l'avaient conduit à cet isolement.

Au petit matin, épuisé mais étrangement apaisé, Étienne referma le livre. Il se leva de son bureau, ouvrit la fenêtre, et laissa la lumière du jour envahir la pièce. Il sentait qu'il avait fait la paix avec des parts de lui-même qu'il avait trop longtemps ignorées.

Quelques jours plus tard, il retourna à la petite librairie pour remercier le libraire et en apprendre davantage sur ce livre mystique. Mais lorsqu'il arriva, il découvrit avec stupeur que la librairie n'existait plus. À sa place, il n'y avait qu'une devanture vide, comme si l'endroit n'avait jamais existé.

Il serra Le Livre des Reflets contre lui, un sourire énigmatique aux lèvres. Il ne saurait jamais vraiment d'où venait ce livre ni comment il avait pu changer sa vie. Mais quelque part en lui, il savait que cet étrange voyage dans les méandres de son esprit l'avait transformé à jamais.

The Book of Reflections

Étienne Perrault had always loved wandering through the ancient alleyways of Bordeaux, especially on rainy days. The gray light cast a melancholic tint on the building facades, and the quiet streets resonated with his own solitude. It was on one of these walks that he came across a small bookstore, nestled between two timber-framed buildings.

The dusty window offered little view inside, but an inexplicable curiosity compelled him to enter. The smell of old paper and worn leather enveloped him as soon as he crossed the threshold. The bookseller, an elderly man with a piercing gaze, greeted him with a nod, without a word.

As Étienne browsed the solid wooden shelves, his eyes fell on a book set apart from the others. It had no title on the cover, only a black leather binding, elegant but austere. Intrigued, he picked it up and felt an odd warmth emanate from it.

"This book seems to call to you," the bookseller murmured in a raspy voice, as if he had read Étienne's thoughts.

Étienne nodded, a bit startled, and decided to buy the book without asking any questions.

Back in his attic room, he placed the book on his desk, switched on a lamp, and settled into his armchair. When he opened the first pages, he was surprised to find them entirely blank. Frustrated but intrigued, he stared at the empty pages for a few moments.

Suddenly, words began to appear, as though emerging from within the paper. The sentences were confused at first, but after a few seconds, they formed a meaning that was all too familiar. Étienne realized with astonishment that these words were reflecting memories from his own past: fragments of his childhood, private thoughts he had never shared with anyone.

Fascinated, he began to write in the book. At first, he simply jotted down a few phrases, testing the boundaries of the mysterious object. But soon, driven by an inner force, he started to confide deeply buried memories, secret fears, unspoken desires.

Every evening, he opened The Book of Reflections, surrendering to this almost compulsive writing. Each time he wrote, new memories surfaced—some he had forgotten, others he had preferred to ignore. The book seemed to read him with unsettling precision, like a mirror revealing the many facets of his soul.

He began to lose track of time, increasingly absorbed in these mysterious pages, until he felt a blurry boundary forming between his daily reality and the words he left in the book. During the day, he would see memories vividly, scenes from his past reappearing before his eyes as if he were reliving them. The images grew more vivid, more intense, and the book seemed to come alive through him.

Gradually, Étienne realized that The Book of Reflections was influencing not only his thoughts but also his actions. He found himself making choices he would never have considered before. An inner voice—or was it the book's voice?—encouraged him to explore parts of his personality he had long repressed.

One day, he wrote in the book about a scene where he confronted an old grievance with a friend he hadn't seen for years. The next day, surprisingly, he received a message from this friend, seeking to reconnect. Étienne stood there, stunned by this strange coincidence. Could the book really be influencing the course of his life?

In the days that followed, he continued to write, delving into truths he had never dared to confront. Each confession, each word laid on paper seemed to bring him closer to an inner truth, but also to an abyss that terrified him.

One evening, as he was writing yet again, a phrase appeared on the page without him writing it: "Are you ready to see it all, Étienne?"

His heart pounding, he felt a deep-seated fear rise within him. Was he truly ready to face what the book wanted to show him? But he knew he could no longer turn back. He turned a page and let the book reveal what came next.

What he read that night shattered his perception of himself. Repressed memories resurfaced, forgotten family secrets, emotions he had buried deep within. The book showed him truths about his solitude, his need for love, his past mistakes, and the choices that had led him to this isolation.

By dawn, exhausted yet strangely at peace, Étienne closed the book. He rose from his desk, opened the window, and let the daylight flood the room. He felt that he had made peace with parts of himself he had long ignored.

A few days later, he returned to the little bookstore to thank the bookseller and learn more about this mystical book. But when he arrived, he was stunned to discover that the bookstore no longer existed. In its place was an empty storefront, as though the shop had never been there.

He clutched The Book of Reflections to his chest, an enigmatic smile on his lips. He would never truly know where this book had come from or how it had changed his life. But somewhere within him, he knew that this strange journey through the depths of his mind had transformed him forever.

La Fenêtre vers l'Inconnu

Emma Blanchard, une ancienne professeure d'arts plastiques à la retraite, vivait paisiblement dans la ville ensoleillée de Nice. Ses journées étaient rythmées par des promenades le long de la Promenade des Anglais, des séances de lecture et des visites occasionnelles aux marchés locaux, où elle aimait chiner des objets anciens.

Un samedi matin, alors qu'elle flânait dans un marché aux puces, son regard fut attiré par un vieil appareil photo, un modèle à soufflet datant d'une autre époque. Intriguée, elle demanda au vendeur, un homme à l'air mystérieux, ce qu'il savait de cet objet. « C'est une fenêtre vers l'inconnu », répondit-il avec un sourire énigmatique. Emma, d'abord sceptique, se laissa finalement séduire par cette idée poétique et acheta l'appareil sur un coup de tête.

De retour chez elle, elle examina l'appareil sous toutes ses coutures et, à sa grande surprise, découvrit une pellicule oubliée à l'intérieur. Elle décida de la faire développer dans un petit atelier de photographie du quartier.

Quelques jours plus tard, elle récupéra les photos et les étudia avec fascination. Les clichés révélaient des images floues de petits villages pittoresques, des ruelles pavées, des paysages champêtres et des visages inconnus. Emma sentit une étrange connexion avec ces scènes et se demanda qui avait bien pu capturer ces moments. L'envie irrésistible de percer le mystère de ces lieux et de ces visages l'envahit, et elle prit la décision impulsive de partir sur les traces de ces photographies.

Son premier arrêt fut un petit village en Provence, reconnaissable à la fontaine centrale et aux maisons aux volets colorés. Elle y rencontra une vieille dame qui, après avoir vu la photo, lui raconta une histoire d'amour passée, celle de sa sœur, autrefois amoureuse d'un photographe mystérieux qui avait immortalisé le village. Emma fut émue par ce récit, et ce premier voyage éveilla en elle un sentiment de nostalgie pour des souvenirs qu'elle n'avait jamais vécus.

Chaque nouvelle destination l'entraîna plus loin dans la campagne française, des vignobles de Bordeaux aux montagnes des Alpes, en passant par les vastes champs de lavande en Provence. À chaque étape, elle rencontrait des habitants qui reconnaissaient certains lieux ou personnes sur les photos et lui confiaient des histoires marquées par l'amour, la perte, et le passage du temps.

Au fil de son périple, Emma commença à ressentir une connexion de plus en plus profonde avec les vies qu'elle découvrait. Ces histoires réveillaient en elle des souvenirs de sa propre jeunesse, des rêves abandonnés, des amours perdus. Elle réalisa qu'elle avait enfoui bien des sentiments et des souvenirs au fil des ans, et que ce voyage lui offrait une occasion inattendue de se retrouver elle-même.

Lors de sa dernière étape, elle arriva dans un village au bord d'un lac entouré de montagnes. Elle y trouva la maison d'un homme figurant sur l'une des photos, un visage marqué par le temps mais empreint de douceur. Il lui révéla qu'il avait autrefois connu l'artiste qui possédait l'appareil, un homme passionné et tourmenté, qui capturait la beauté éphémère de chaque lieu qu'il visitait.

Ce dernier entretien marqua pour Emma la fin de son voyage. En remontant dans le train pour Nice, elle se rendit compte que cette aventure l'avait profondément transformée. Elle avait découvert, à travers ces clichés anonymes, une part de sa propre histoire, des échos de ses propres regrets et de ses propres espoirs.

De retour chez elle, l'appareil photo reposait désormais en évidence sur une étagère, tel un symbole de cette fenêtre vers l'inconnu qu'elle avait osé ouvrir. Emma reprit ses activités quotidiennes, mais quelque chose en elle avait changé : elle se sentait plus libre, comme si elle avait retrouvé une part d'elle-même, celle qui était restée dans l'ombre des souvenirs.

Le mystère des photos n'avait peut-être pas de réponse définitive, mais Emma avait appris que certains mystères n'ont pas besoin d'être résolus pour avoir du sens.

The Window to the Unknown

Emma Blanchard, a retired art teacher, lived a peaceful life in the sunny city of Nice. Her days were filled with strolls along the Promenade des Anglais, hours of reading, and occasional visits to local markets, where she loved to browse for antiques.

One Saturday morning, as she wandered through a flea market, her eyes were drawn to an old bellows camera, a model from a bygone era. Intrigued, she asked the vendor, a mysterious-looking man, what he knew about the object. "It's a window to the unknown," he replied with an enigmatic smile. Though skeptical at first, Emma was charmed by this poetic idea and impulsively bought the camera.

Back at home, she examined the camera thoroughly and, to her surprise, discovered an old roll of film still inside. She decided to have it developed at a small photography shop in her neighborhood.

A few days later, she picked up the developed photos and studied them with fascination. The images revealed blurred shots of quaint villages, cobbled streets, rustic countryside, and unknown faces. Emma felt a strange connection to these scenes and wondered who could have captured these moments. Driven by an irresistible curiosity, she resolved to uncover the mystery behind these places and faces, embarking on a journey to follow the path set by these photographs.

Her first stop was a small village in Provence, recognizable by its central fountain and brightly colored shutters. There, she met an elderly woman who, upon seeing the photo, shared a story of an old romance, her sister's long-ago love for a mysterious photographer who had once captured the village's beauty. Emma was moved by this tale, and the experience stirred a nostalgic longing for memories she'd never actually lived.

Each new destination led her deeper into the French countryside, from the vineyards of Bordeaux to the mountains of the Alps and through the vast lavender fields of Provence. At every stop, she encountered locals who recognized certain places or people in the photos and shared stories touched by love, loss, and the passage of time.

As her journey continued, Emma began to feel a growing connection to the lives she uncovered. These stories awakened memories of her own youth—forgotten dreams, lost loves. She realized she had buried many feelings and memories over the years, and this journey was giving her an unexpected chance to rediscover herself.

Her final destination was a village by a lake, surrounded by mountains. There, she found the home of one of the men in the photos, an elderly man with a face weathered by time but marked by gentleness. He revealed that he had once known the artist who owned the camera—a passionate, troubled man who captured the fleeting beauty of each place he visited.

This last conversation marked the end of Emma's journey. As she boarded the train back to Nice, she realized how profoundly this adventure had transformed her. Through these anonymous photos, she had found pieces of her own story, echoes of her own regrets and hopes.

Back home, the camera now sat prominently on a shelf, a symbol of the window to the unknown that she had dared to open. Emma returned to her daily routines, but something within her had changed; she felt freer, as if she had reconnected with a part of herself that had remained hidden in the shadows of her memories.

The mystery of the photos may not have a final answer, but Emma had learned that some mysteries don't need to be solved to hold meaning.